LE RENARD

PRIS

AU TREBUCHET.

DIALOGUE

Entre la Capitation & Gruet.

A PARIS EN PLACE DE GREVE,

Chez GRIFFARD-GRAPIGNAND, à l'Enseigne
Tire-Col, sous la Potence, près de l'Echelle.

M. DCC. XVI.

LE RENARD

PRIS AU TREBUCHET.

Dialogue entre la Capitation & Gruet.

LA CAPITATION.

AH que je suis contente du digne choix qu'on a fait d'un si honnête homme que toy pour ma Reception ! Que tu t'es bien acquité de ton employ !

GRUET.

Je ne crois pas, Madame, qu'il y ait un homme assez hardi dans le monde pour soûtenir que je ne m'en sois pas acquité comme il faut ; & si quelqu'un en doutoit, il n'a qu'à voir le bon compte que j'en ay rendu.

LA CAPITATION.

Il faut t'en croire sur ta parole puisque tu le dis, quoique la voix publique semble te démentir ouvertement ; & si le Proverbe qui dit, que *la voix du Peuple est la voix de Dieu*, est vray, il y a une fort grande difference entre toy & un homme de bien.

GRUET.

Et sur quoy, Madame, fonde-t'on une difference si injurieuse ?

LA CAPITATION.

Sur des conjectures si fortes, qu'on peut sans s'y méprendre les mettre en parallele avec les preuves les plus concluantes ; & voici comment je raisonne. Lors de ma seconde arrivée en

A ij

France, qui fut en 1701. tu fus prépofé pour me recevoir, & tu ne fçaurois nier qu'en ce temps-là tu ne fuffes gueux de la derniere gueuferie. Car enfin, tu étois logé à l'Hôtel des *Six Moineaux*, dans un endroit fi élevé que tu aurois pû entendre petter les Anges, je veux dire que tu n'avois que les tuilles au deffus de ta tête. Ta chambre tapiffée d'une tapifferie de Mont-martre des plus antiques & des plus noires, n'étoit ornée que de trois fieges fans dos, d'une paille fort ufée, d'une table garnie de trois piez, & fi ufée qu'on auroit dit que c'étoit un refte du débris du Déluge univerfel, fur laquelle étoit placée une bouteille à ancre, qui dans le temps obfcur & de nuit te fervoit de chandelier. Dans un coin de ce magnifique appartement, étoit un petit lit de camp, caché par un vieille Bergame fi criblée de trous, & fi fumée qu'on auroit dit qu'elle eût fervi d'écran à la forge de Vulcain, & au-travers de laquelle les yeux les moins perçans s'appercevoient fans peine, que le Maître du logis ne faifoit pas grand ufage de draps ni de matelas; mais feulement d'une vieille paillaffe, qui empêchoit que fon fquelette ne portât à crû fur les fangles, & d'une couverture de morceaux de haillons reppetaffez, qui par la bigarrure des diverfes couleurs dont elle brilloit, ne réprefentoit pas mal un habit d'Arlequin. Le planché de la chambre étoit fi raboteux, qu'il falloit être en état de grace pour s'y promener, à caufe du rifque où l'on étoit de fe caffer la tête.

GRUET.

Par cette belle defcription je vois bien, Madame, que vous avez envie de rire à mes dépens : mais de grace à quoy aboutit cette bur-

lefque décoration d'appartement , fi ce n'eft à
prouver que je ne roulois pas fur le velours au
commencement de ce fiecle. Mais par mon petit fçavoir faire, j'ay fi bien réparé tout cela,
que ma fortune a fait envie à plufieurs qui
avoient été témoins de ma mifere.

LA CAPITATION.

Oüi de par tous les diables, ta fortune a ex-
cité l'envie de ceux qui t'avoient vû fans pain,
& qui te voyent à prefent dans l'opulence. Tu
pourrois même ajoûter, fans craindre de donner dans l'hyperbole, qu'elle t'a attiré l'indi-
gnation & l'execration du Public, qui ne peut
voir fans horreur qu'un manant comme toy foit
devenu un *Crefus* en fi peu de temps.

GRUET.

Parbleu, Madame, vous vous moquez de
moy plus que je ne mérite. Avez-vous oublié
cet Axiome auffi ancien que le monde, *Dignus
eft operarius mercede fua* ? Etoit-il naturel que
je travaillaffe comme un Galerien, fans retirer
le fruit de mon travail ?

LA CAPITATION.

Je conviens que celui qui travaille eft digne
de récompenfe ; mais, mon compere, il faut
aller bride en main, & ne pas fe mettre en
tête d'arriver *per fas & nefas* au comble de la
fortune en quinze ans de temps. L'Office dont
tu es pourvû eft d'un prix trop modique, &
d'un rapport trop mince pour t'avoir pû mettre fur un fi haut pied. D'ailleurs tu ne l'avois
pas payé, & par conféquent il en falloit payer
l'interêt ; ce que tu as fait fort régulierement
jufqu'à ce que tu t'es acquitté du capit l. Comment as tu donc fait pour operer ce prodige
de finance ?

GRUET.

Vous pouſſez bien loin votre curioſité, Madame ; mais je vous ay trop d'obligation, pour ne pas vous ſatisfaire. J'ay fait comme pluſieurs autres. Croyez - vous qu'un Huiſſier qui a la conſcience timorée comme je l'ay, ne puiſſe pas acquitter ſes dettes en peu de temps ? Si vous pouviez pénétrer juſqu'aux entrailles d'une ſi noble profeſſion que celle que j'exerce, il ne ne vous ſeroit pas difficile de croire que j'ay battu le fer pendant qu'il étoit chaud, & que j'ay travaillé fort utilement.

LA CAPITATION.

Si utilement, que ſi je ne me trompe, tu as pouſſé les choſes ſi loin, que ſi on eût puni tes premieres friponneries, on auroit rendu un grand ſervice au Public, & tu n'exercerois pas depuis ſi long temps la patience des Miniſtres de la Chambre de Juſtice.

GRUET.

En bonne foy, Madame, il faut que vous me preniez pour un butord en me parlant de la ſorte. Croyez-vous qu'un homme tel que moy dût jetter ſa poudre aux moineaux, & que je deuſſe faire une *Panſe d'A* ſans être payé graſſement *Rubi ſur l'ongle* ? Bon pour ces Quiſtres d'Huiſſiers de quinze à la douzaine, qui doivent borner le fruit de leurs peines & vacations au Tarif preſcrit par les Ordonnances ; mais *l'Honoraire* d'un Huiſſier de mon mérite eſt arbitraire.

LA CAPITATION.

J'apprehende fort que la diſtinction que tu admets entre toy & tes Collegues, ne t'acquiere la réputation *d'Huiſſier de haute volée*, & que le Lieutenant Criminel n'aſſiſte à tes funerailles.

GRUET.

Malepeste ! quelle prophetie !

LA CAPITATION.

Prens garde qu'elle ne soit que trop vraye ; car à ne te point mentir, je crois sans être Prophetesse ni Sybille, entrevoir dans ta physionomie un certain air patibulaire qui pourroit bien te conduire en Greve. Mais laissons-là l'avenir, & parlons du passé. Comment as-tu fait pour amasser en quatorze ou quinze ans de temps quatre cens mille livres de bien, que tout le monde dit que tu possedes ? Un Huissier qui ne fait que son devoir ne peut pas devenir si riche en si peu de temps.

GRUET.

Vous couchez gros, Madame, en me parlant de quatre cens mille livres. Il est vray que j'ay assez de bien pour vivre honorablement, & pour prendre quelque plaisir secret avec certaines *Donzelles*, pour me délasser l'esprit d'un trop grand travail.

LA CAPITATION.

Que ces airs conviennent bien à un malheureux comme toy, qui étoit logé il y a quinze ans dans un grenier tout nud comme un ver. De quelle mine as-tu tiré l'argent necessaire pour te procurer des plaisirs si rafinez, & pour acheter de belles maisons à la ville & à la campagne, des Terres, des rentes, & des Charges de toutes façons ? D'où as-tu pris tout cela en moins de trois lustres ? Est-ce à disposer le ceremonial de ma Reception ?

GRUET.

Vous me pressez diablement le bouton, Madame ; & il semble que vous me vouliez faire faire une confession generale. Que vous importe de sçavoir le fonds & le très-fonds de mes petites affaires ?

LA CAPITATION.

Comment, maraut, tu ne veux pas que je sçache de quelle maniere tu m'as reçûë ? Qui est-ce donc qui est en droit de t'interpeller sur un article qui me regarde directement ?

GRUET.

Je vous ay déja dit, Madame, que j'avois rendu un bon & fidele compte de ce que j'avois reçu pour vous ; ainsi c'est une affaire faite, dont il n'est plus question.

LA CAPITATION.

Il est vray que tu me l'as dit ; mais c'est ce qu'il faut justifier *fonica*, & voir de quelle maniere tu as mis tant de paille dans tes souliers ; sinon je jure sur les pantoufles de Jupiter que je t'étrangleray.

GRUET.

Quoy, Madame ! une femme de votre distinction voudroit-elle empieter sur les droits de Mr. *Bonneval*, digne successeur de feu *Maître André* de patibulaire figure.

LA CAPITATION.

A te parler sainement, je ne croirois pas me dégrader beaucoup, en faisant l'office de Bourreau pour pendre un si grand scelerat que toy. Mais ne parlons pas dans un temps de ce qui pourroit bien t'arriver dans un autre ; & revenons à notre propos. Dans quelle bourse as-tu trouvé les quarante-trois mille livres que tu as payées pour le prix de ta Charge de *Juré de Foin*, que tu as exercée avec tant de probité, & les quatre mille livres pour ta reception ? Est-ce à enfiler des perles ?

GRUET.

Croyez-vous, Madame que depuis quinze ans
que j'exerce en honnête homme l'honorable
employ d'Huissier exploitant, j'aye toûjours demeuré les bras croisez ; & si par la dexterité de
la main j'ay donné quelque petit croc - en -
jambe à la probité, & me suis rendu propre le
bien d'autruy, m'en doit-on sçavoir mauvais
gré ? Non, non, Madame, je n'ay pas été d'hu-
meur d'essuyer les mêmes reproches que ce sot
dont il est parlé dans l'Evangile, pour avoir en-
foüi ses talens. Bien loin d'imiter cet imbécile, je
me suis efforcé de faire fructifier les miens, afin
de n'être pas pris sans verd comme luy, & de
pouvoir dire comme ce fidele serviteur, *Domi-*
ne, quinque talenta tradidisti mihi, & super alia
quinque lucratus sum. Souvenez-vous, ma belle
Madame, qu'en ce monde chacun travaille pour
soy une fois en sa vie ; & je puis dire en toute
verité, que si j'ay amassé un peu de bien, ce n'a
pas été sans risquer beaucoup pour l'acquerir.
J'ay suivi les traces glorieuses de beaucoup
d'honnêtes gens de ma profession, & je puis
vous jurer que je n'ay rien qui ne soit acquis
par les belles voyes.

LA CAPITATION.

A d'autres. Les onze mille livres financées
pour ta Charge *d'Inspecteur* sur les Ports de Paris, où les as-tu prises ? Ne te souviens-tu pas
qu'à mon arrivée en France pour la seconde
fois, un habit retourné d'un vieux Pinchenat,
fraîchement sorti de la Friperie, faisoit ton plus
bel ornement ; & depuis quelques années tu
t'es émancipé de porter des vestes à fonds d'or
de vingt-cinq ou trente pistoles, & des habits
proportionnez.

GRUET.

Eh ! que trouvez-vous de mal en tout cela ? Ne faut-il pas se mettre sur son propre, quand la fortune nous rit, & que l'industrie nous fournit l'occasion de briller ? Quand on a comme moy une bonne paire de mains, on ne demande jamais de bien à Dieu ; on le prie seulement de nous mettre en place où il y en ait, & on est assuré de ne manquer jamais de rien. Graces au Ciel je ne suis pas manchot, & il y a long-temps que j'ay fait main-basse sur les scrupules, & banqueroute aux remords de conscience.

LA CAPITATION.

Quelle a donc été ton industrie, Maître Fripon que tu es ? Quelles sont les voyes que tu as suivies pour t'engraisser si fort ? S'il est vray, comme tu dis, que tu ayes rendu bon compte de ce que tu as reçu pour moy, dis-moy donc quel coup de hazard t'a fait passer si rapidement de la plus affreuse indigence au comble de fortune ?

GRUET.

Les frais, Madame, les frais ; car, à vous parler franchement, sans les frais j'aurois été gueux toute ma vie. Voilà tout le mystere.

LA CAPITATION.

Qu'appelle-tu les frais, malheureux ? car je n'entends rien dans ton jargon.

GRUET.

Patience, & je vais vous mettre au fait. A votre seconde apparition en France, vous fûtes si peu du goût de la plûpart de tout le monde, que presque personne ne vouloit vous rendre hommage, comme vous le sçavez fort bien. C'est-à-dire en bon François, que chacun faisoit tout ce qu'il pouvoit pour ne pas vous payer. Or (prêtez-moy votre attention) les Comptables ne vous payant pas volontiers, on commence d'abord par un honnête compliment, que les gens de notre métier appellent *Commandement*. Quelques jours après on donne un coup d'éperon par une *saisie de meubles*, car il faut aller pié-à-pié ; ensuite on établit garnison. Ces petites ceremonies sont à-peu-près comme un peloton de nége, qui se grossit en tombant & en roulant du haut d'une montagne en bas. Après ces trois differentes formalitez, suit une quatriéme , qui est la *vente de meubles* , ou pour le moins d'une bonne partie. Vous voyez, Madame, que je ne vous cache rien, & que je vous ouvre mon cœur ; & c'est ce qu'on appelle le *sçavoir-faire d'un honnête Huissier*, qui a la probité en recommandation.

LA CAPITATION.

Mais cette procedure alloit-elle bien-loin ?

GRUET.

Quelquefois elle passoit le double, le triple & le quadruple du principal. Mais aussi l'on peut dire qu'il n'y a rien de plus regulier que la procedure. Pour le procedé, je vous en laisse le juge, & tout ce que je puis dire, c'est qu'un jour pour six livres de capital je fis pour quarante-cinq livres dix sols de frais. Une autre fois qu'il s'agissoit de douze livres de principal, je conduisis l'ouvrage à sa perfection avec tant de circonspection , & la procedure fut si heureuse, qu'il ne se trouva que pour quatre-vingt-six livres de frais. Jugez après cela si elle ne seroit pas allée beaucoup plus loin, si je n'avois pas eu la conscience bien timorée.

LA CAPITATION.

Appelle-tu avoir de la conscience, que de faire

pour 45 livres dix fols de frais pour fix livres de principal d'une part, & quatre-vingt-fix
livres pour douze d'une autre. C'eſt donc ainſi,
fripon, que tu as acquis les richeſſes que tu poſſédes? Mais ſçais-tu bien que c'eſt un vol ſigna-
lé à vingt-quatre quarats, & que tu es obligé à
faire reſtitution, ſans quoy ton ame ira à tous
les diables?

GRUET.

Reſtitution! C'eſt à quoy je penſe le moins:
car quand je ſerois dans le ſentiment de la faire, à qui voudriez-vous, s'il vous plaît, que je
la fiſſe? Cela eſt bien aiſé à dire; mais quand
il s'agit de faire, *hoc opus, hic labor eſt*, c'eſt à
tirer le Diable par la queuë. Avez-vous oublié cet
ancien Proverbe qui dit, *il eſt bien plus facile de
prendre que de rendre?* Je ne vous cache pas, Madame, qu'il eſt ſi profondément gravé dans mon
eſprit, que je me ſens une pente auſſi naturelle
à prendre, que d'averſion à rendre; & quand
vous me citeriez tous les Caſuiſtes de la Sorbonne pour me forcer à mettre en pratique les
beaux Traitez qu'ils ont faits *de Reſtitutione*,
vous feriez plûtôt faire un pet au Cheval de
bronze, que vous ne réuſſiriez dans votre en-
trepriſe. D'ailleurs, il faut que vous ſçachiez,
que plus des trois quarts de ceux à qui j'ay pris,
ſont morts: deſorte que ſi la tentation de leur
rendre leur bien me prenoit, il faudroit que
j'attendiſſe leur retour de l'autre monde; &
comme il n'y a pas grande apparence qu'ils re-
viennent encore, je leur aſſigne rendez-vous à
la vallée de Joſaphat pour ſolder mes comptes
avec eux.

LA CAPITATION.

Méchante ame! Mais, dis-moy, en faiſant

cette petite manœuvre, comment as-tu pû faire une si grosse fortune?

GRUET.

C'est un secret qui m'est reservé. Ce que je puis vous dire, c'est que mon petit employ étoit un Perou pour moy. Les tours de gentil-lesse dont je me suis servi pour venir à mes fins, ne sont pas connus de tout le monde, & je ne vous dis que ce que je veux bien que vous sçachiez ; & ce que j'ay bien voulu vous dire, n'est qu'un petit échantillon de mon sçavoir-faire. Il y avoit quelque chose de bien meilleur que tout cela ; & c'est ce qui a mis mes affai-res en bon état.

LA CAPITATION.

Pourquoy fais-tu tant le retif à me l'appren-dre ? Dis-moy donc ce que c'est.

GRUET.

Les emprisonnemens, Madame, Ah ! le friand morceau pour un homme d'aussi bon apetit que moy ! C'étoit la recambole de mon employ.

LA CAPITATION.

Les emprisonnemens !

GRUET.

Oüi, Madame, les emprisonnemens faits fine-ment, délicatement & sans frais, m'ont procu-ré de grands avantages. Sçavez-vous bien que six à sept lignes griffonnées sur le Regiftre d'une Geole, & qui ne me coûtoient pas plus de trois ou quatre gouttes d'encre, me produisoient quel-quefois jusqu'à vingt livres? & ces petites pro-ductions-là étoient fréquentes.

LA CAPITATION.

Cela est fort curieux à sçavoir : continuë.

GRUET.

J'étois moy seul l'Huissier & les Recors, parce

que je prenois un ton fi haut avec ceux à qui j'a-
vois à faire, qu'ils me craignoient comme la
galle, & fe rendoient tous à mes ordres comme
un oyfeau fur le poing. Lorfque je voulois
faire un Pourpoint de pierre à quelque pauvre
Diable, fût-il Syndic, Juré, ou particulier de
quelque Communauté, voicy comment je m'y
prenois. Je leur marquois un jour pour me
venir trouver au Châtelet avec promeffe de les
faire modérer. Je leur marquois l'heure & le
moment qu'ils devoient s'y trouver ; à quoy ils
ne manquoient pas. Et fous prétexte que j'avois
à faire dans la prifon, je les priois fort civi-
lement de m'attendre à la porte. Quelques mo-
mens aprés, crainte qu'ils ne s'ennuyaffent dans
un pofte fi peu décent, je les faifois prier d'a-
voir la bonté d'entrer dans la prifon ; à quoy
ces bonnes gens obéiffoient le plus gracieufe-
fement du monde, fans fe douter de rien. Cela
fait, j'écrivois fix ou fept lignes pour chacun
d'eux fur un vieux grimoire, & les laiffois là
en penfion, en difant aux Guichetiers que je les
venois de faire bourgeois & habitans du lieu.
Je pris quatre de ces niais-là un matin d'un feul
coup de filet, de quoy un certain Patiffier pourroit donner des nouvelles pofitives. Il eft vray
qu'il fortit le même jour que je l'écroüay pour
huit livres qu'il vous devoit ; mais il en fut
quitte à bon marché, car feize livres l'acquit-
terent de fon emprifonnement, pour lequel je
vous puis affûrer que je n'employay que cinq
gouttes d'encre. Il n'en fut pas de même des
autres, car j'en fus payé à raifon de vingt
livres chacun. Entre vous & moy, eft-ce trop
que quatre-vingt-feize livres pour ces cinq em-
prifonnemens ? Pouvois-je en agir d'une ma-

niere plus défintereſſée ? & cette modique ſom-
me n'étoit-elle pas dûë bien légitimement au
joli tour d'eſprit & de bonne foy, dont je m'é-
tois ſervi pour les mettre à l'abri du fracas
qu'auroit fait leur empriſonnement, ſi j'avois
obſervé cet uſage antique preſcrit par l'Ordonnance.

LA CAPITATION.

Ah, maître Fripon, que tu en ſçais long !
Peut-on faire de pareils tours, & avoir l'effron-
terie de s'en vanter comme d'une bonne action?
Quoy? ce ſont-là les voyes dont tu t'es ſervi
pour acquerir le bien que tu poſſédes? Non,
les voleurs de grands chemins ne ſont pas ſi voleurs que toy ; & ſi j'étois ton Juge, je te con-
damnerois à de plus rudes ſupplices qu'eux.

GRUET.

Bon. Si j'avois été aſſez ſot pour me renfer-
mer dans les régles, il n'y auroit pas eû de l'eau
à boire pour moy, & j'aurois couru riſque de
mourir de faim comme ſont pluſieurs autres ni-
gauds de ma proféſſion. Un homme eſt un grand
fat de ne pas ſuivre les glorieuſes traces de
Grapignan, lorſqu'il en trouve l'occaſion.

 Quiconque eſt riche a tout, ſans ſageſſe il
  eſt ſage ;
 Il a ſans rien ſçavoir la ſciencé en partage.
 Il a l'eſprit, l'honneur, le mérite, le rang,
 La vertu, la valeur, la dignité, le ſang ;
 Il eſt aimé des Grands, il eſt cheri des Belles;
 Jamais Surintendant ne trouva de cruelles.
 L'or même, à la laideur, donne un trait
  de beauté ;
 Mais tout devient affreux avec la pauvreté.
Ergo, par une conſéque nce naturelle, un hom-
me ne ſçauroit trop fa ire pour s'enrichir aux
dépens de qui il appartient.

LA CAPITATION.

Voilà les fentimens les plus orthodoxes qu'on fçauroit s'imaginer ; & fi je voulois peindre aux yeux de la pofterité un homme fans foy, fans loy, fans Chrême ni Baptême, qui a fait banqueroute à l'honneur, à la confcience, à la probité, & à toute humanité, je ne fçaurois lui propofer un plus digne modéle que toy.

GRUET.

Ce portrait-là ne me convient pas trop mal, car je vous jure que malgré les avis que mon Vicaire me donnoit au Catechifme de ne rien prendre à perfonne, j'ay toûjours eû gravé dans mon efprit un certain refrain que mon pere avoit foin de me repeter tous les jours.

LA CAPITATION.

Et quel eft-il ce Refrain.

QUI POTEST CAPERE CAPIAT. Attrape qui peut. N'avoüez-vous pas, Madame, que la pratique en eft belle ?

LA CAPITATION.

Elle eft belle, malheureux! Dis plûtôt qu'elle eft injufte, cruelle, execrable, abominable, & déteftée des peuples les moins policez.

GRUET.

A votre maniere de raifonner, je vois bien, ma chere Madame, que vous n'avez guéres feüilleté les préceptes de l'Evangelifte de *Boileau.*

LA CAPITATION.

Et que dit-il cet Evangelifte du Parnaffe?

GRUET.

Le voici en peu de mots.

Endurcis-toy le cœur, fois Arabe, Cor-
faire,

Injufte, violent, fans foy, double, fauf-
faire.

Ne

Ne vas point fottement faire le genereux,
Engraiffe-toy, mon fils, du fang des malheureux ;
Et trompant de C.... la prudence im-
   portune,
Va par tes cruautez mériter la fortune.
Voilà, Madame, en peu de mots, quelles font
mes maximes, & defquelles je ne me fuis jamais
départi, ni ne me départirai jamais, quand je
verrois périr tout le genre humain.

LA CAPITATION.

Franchement ces maximes font admirables; &
fi tu les as mifes en pratique, comme je n'en
doute pas, tu dois avoir ruiné bien des Communautez, des veuves & des orphelins, dont le
fort étoit entre tes mains. Continuë d'étaler tes
hauts faits.

GRUET.

A vous parler fans fard ni fans déguifement,
peu de gens me font tombez fous la patte, que
je ne leur aye joüé quelque tour de foupleffe.
Les *Fourreurs*, les *Cordonniers*, les *Patiffiers*, les
Tablettiers, les *Chapeliers* vous en diroient des
nouvelles. Pour couper court, aucune Communauté n'a été à l'abri de ma cupidité, & elles
ont toutes avoüé que j'avois de l'efprit. Il n'y a
que ces enragez de *Scrruriers*, qui plus durs que
le fer & que l'acier qu'ils employent ont été affez
infolens pour me dénoncer à Madame *la Chambre de Juftice*, & me faire donner à mon tour
le Pourpoint de pierre dont je fuis habillé pré-
fentement. Les autres Communautez font ve-
nuës à la traverfe, & chacun a fait mon éloge
in *Barroco* pour me rendre fervice, & me faire
donner un autre employ.

B

LA CAPITATION.

Voilà quelle eſt la deſtinée des fripons comme toy. Pendant qu'ils ont le vent en poupe, tout plie ſous leur volonté ; mais dès qu'il leur arrive quelque cataſtrophe, tout ſe déclare contre eux. Si tu avois rempli tous les devoirs de tes Charges, tu joüirois en repos du fruit de ton travail, & ne te verrois pas en butte à tout le genre humain, qui crie contre toy *tolle, tolle.* Mais où en es-tu préſentement ? Tu as paſſé les guichets après les avoir fait paſſer tant de fois aux autres ; & pour me ſervir de tes propres termes, te voilà *Bourgeois* & *Habitant* de la Conciergerie, d'où ſelon toutes les apparences, tu ne ſortiras qu'à bonnes enſeignes. Dis-moy, malheureux, ne ſeroit-il pas plus honorable pour toy & pour ta famille, d'être demeuré dans l'indigence avec la qualité d'honnête homme, que de te voir ſur le point d'être expoſé au dernier ſupplice que tu ne peus éviter, & à prendre poſſeſſion par le col de la Place de Grève, ou de la Croix du Tiroir.

GRUET.

Que prétendez-vous dire, Madame, avec vôtre Place de Grève & de vôtre Croix du Tiroir, ce baragoinage eſt un Algebre pour moy que je ne comprends pas. Expliquez-moy, je vous prie, l'énigme que renferment ces termes rebarbatifs.

LA CAPITATION.

Elle n'eſt pas difficile à deviner. Elle veut dire, que ſi la voix des Pariſiens eſt exaucée, tu peus commencer à trouſſer ton paquet, & tirer pays pour l'autre monde, ſans mettre pié-à-terre en celuy-cy.

GRUET.

Obscurum per obscurius. Voilà un diable de ga-limathias où je ne vois goûte ; & si vous n'avez la bonté de vous expliquer un peu plus intelli-giblement, j'ignoreray éternellement le sens de vos sublimes pensées.

LA CAPITATION.

Tu as donc l'intelligence bien épaisse, puis-que tu ne comprends pas ce que je te dis ? Ecou-te attentivement, & sois sûr que si nous étions en hyver, on pourroit porter ta figure affligée sur l'Amphitéatre de Saint Côme, pour servir d'instruction aux Carabins de ce bon Saint.

GRUET.

Ah ! Madame, c'est à ce coup que, quoique vous parliez par metaphore, il ne faut pas de Commentaire pour vous comprendre. Vous pré-tendez donc dire que je cours risque de monter sur une échelle à reculons ?

LA CAPITATION.

Rem acu tetigisti, tu as mis le doigt dessus ; & quand tu seras au faîte de ce poste élevé, pour récompenser tes belles & industrieuses actions, tu seras honoré d'un Collier à la *Grand-Visir*, à l'exception que l'étoffe en sera différente. Tu sçais que la Justice travaille à ta canonisation, & l'on trouve beaucoup plus de miracles qu'il n'en faut pour t'envoyer en Place Marchande, où tu seras plus sûr d'un *Salve* que d'un *De profundis*, quoique l'un & l'autre puissent te sui-vre de bien près.

GRUET.

Vous croyez donc m'épouvanter, Madame ; mais, sçachez que vous avez à faire à un bon cheval de trompette, qui ne s'épouvante pas pour le bruit. Non, non, je n'ay pas de peur

que ce malheur m'arrive. La Justice a toûjours
eû beaucoup de confidération pour moy ; &
lorſqu'elle eut la bonté de donner ſes ordres
pour m'aller voir de ſa part, je ne parus pas
plûtôt qu'elle me fit préſenter un ſiege, dur à
la verité, parce qu'il ſortoit fraîchement de chez
le Menuiſier, & qu'on n'avoit pas eû le tems
de l'envoyer chez le Tapiſſier. Après m'être
aſſis deſſus, je ſoûtins une converſation dans laquelle je remarquay une grande curiſioté de la
part d'un certain Monſieur de FOURQUEUX,
qui me fit mille petites queſtions, deſquelles je
me ſerois fort bien paſſé, & auſquelles je n'a-
vois pas grande envie de répondre ; mais enfin
tant-ia, je ne pûs honnêtement refuſer de luy
donner quelques éclairciſſemens néceſſaires ſur
diverſes circonſtances, dont il voulut être infor-
mé. Je vous avouë, Madame, que comme ce
compere a de l'eſprit comme un beau diable, &
qu'il me prit ſans ver, je me trouvay un peu
ſtupefait au commencement : mais inſenſiblement
la converſation s'étant animée, je tâchai de me
r'avoir ; de ſorte que je dis de ſi belles choſes,
que mondit Sieur de FOURQUEUX pour s'en
ſouvenir long-tems, les fit écrire *à verbo ad
verbum* ſur ſon Journal. Et comme je ne ſuis
pas homme à me dédire de ce que j'ay dit une
fois, je le priay de ſouffrir que je miſſe mon
nom au bas, ce qu'il m'accorda de la meilleure
grace du monde. Après quoy je me retiray fort
ſatisfait ; mais auparavant j'eus la précaution,
de parapher ce papier, *ne varietur*. Ainſi vous
voyez bien, Madame, que je n'ay pas ſujet de
m'inquieter.

LA CAPITATION.

Oh, oh, ne t'y trompe pas ! ce Monſieur de

FOURQUEUX te jouëra d'un mauvais tour, si tu n'y prends garde. Te voilà, comme tu vois, un vrai meuble de Juſtice ; c'eſt pourquoi je te conſeille en bonne amie de ſonger ſérieuſement à ta conſcience, ſi tant eſt que tu en ayes une ; car il y a des gens qui ſe préparent à travailler pour toy. Maître Maillard, le plus fameux Cordier de Paris, t'apprête une cravate fort propre & très-convenable à tes petits tours d'eſprit. Parle - moy de bonne foy, n'es-tu pas un vray gibier de potence ? & ne m'avouëras-tu pas que Maître Charpentier a eû raiſon de t'en préparer une pour t'aider à faire voile dans l'autre monde ?

GRUET.

Peſte ! comme vous jaſez, Madame : ſelon vôtre avis, ce n'eſt pas là un jeu d'enfant, & l'affaire eſt ſérieuſe. Cependant arrive qui plante, il faut ſe réſoudre à tout, & vouloir ce que Dieu veut ; *audaces fortuna juvat.* Quoique le danger que je cours ſoit aſſez évident, j'ay pourtant quelque lueur d'eſperance, & le ſort dont vous me menacez pourra peut-être ſe trouver meilleur.

LA CAPITATION.

Dieu le veüille. Mais pour ne pas te flatter, je t'avouë que je t'eſtimerois fort heureux, s'il étoit ſemblable à celui de *le Normand.*

GRUET.

Quel eſt-il donc le ſort de le *Normand* ? Je le connois, c'eſt un fort galant homme, & un des mes meilleurs amis. Luy a-t'on donné quelque bonne récompenſe ?

LA CAPITATION.

Oüy vrayment, ſon travail eſt aſſez bien récompenſé.

GRUET.

Je l'en félicite de tout mon cœur, & ferois ravi de fçavoir ce qu'on a fait pour luy.

LA CAPITATION.

Tu vas en être inſtruit. Après qu'on eut examiné attentivement ſes glorieuſes actions, on trouva à propos qu'il ſe tranſportât accompagné de trois Officiers, à trois endroits de la Ville ; & dans la crainte qu'il ne vît pas aſſez clair, en ſortant du lieu ſombre où il avoit fait environ trois mois de retraite, quoique ce fût en plein midy, on lui fit préſent d'une groſſe bougie allumée au bout d'un bâton, pour empêcher qu'il ne s'égarât en chemin. La précaution fut portée ſi loin, qu'à cauſe du grand chaud qu'il faiſoit, & des jours Caniculaires qui approchoient, de peur d'altérer ſa ſanté, il fut diſpenſé pendant ſon voyage du ſervice de ſa veſte & de ſon juſte au corps, n'ayant pendant ce tems de ceremonie d'autre habillement que ſa chemiſe, par deſſus laquelle étoit un écriteau devant & derriere, contenant en groſſes lettres le récit de toutes ſes vertus.

GRUET.

Voilà de grandes précautions pour ſa ſanté. Continuez, Madame, car je ne me laſſe pas d'entendre raconter les honneurs qu'on a fait à un homme de cette importance.

LA CAPITATION.

Le voyage fait, & la foulle paſſée, il alla prendre poſſeſſion du Château des Innocens.

GRUET.

Où eſt donc ce Château ? Je n'en ai pas entendu parler.

LA CAPITATION.

C'eſt un ancien Manoir attenant la Porte ſaint

Bernard ; à l'entrée duquel, afin qu'il ne demeurât pas sans emploi, on lui délivra une Commission pour aller arrofer le dos de Neptune fur les côtes de Provence : enfuite de quoi le Capitaine du Château lui donna le Collier d'un Ordre fort ancien.

GRUET.

Quel eft, s'il vous plaît, Madame, cet Ordre fi ancien ?

LA CAPITATION.

C'eft l'Ordre de la *Galere*, dont le Collier a été forgé par le plus habile *Serrurier* de Paris.

GRUET.

Ah, Madame ! j'ai penfé m'évanoüir à ce mot de *Serrurier*. Ce font ces animaux-là qui font caufe qu'on m'a mis à l'abri du vent du Nord. Quant au chemin de Provence que mon ami le *Normand* doit tenir au premier jour, & où j'efpere de le fuivre bien-tôt, j'ofe dire que je le fçai par cœur, ayant paffé dans ce pays-là, lorfque pour la confervation de ma fanté, j'ai été obligé de faire trois voyages à *Porte-Venere* proche de *Naples* ; d'où, graces à Dieu, je fuis revenu en meilleur état que je n'y étois allé : mais ce n'a pas été fans peine & fans *fueur*, attendu la chaleur du climat, & la faifon dans laquelle j'entrepris ces voyages.

LA CAPITATION.

Je t'eftimerois fort heureux, fi l'on fe contentoit de t'envoyer manger des féves & du bifcuit à Marfeille. Mais j'appréhende fort qu'on ne te faffe manger ici des *poires d'angoiffe*.

GRUET.

Me voilà donc entre le *zift* & le *zefte*, c'eftà-dire, entre la crainte & l'efpérance. Dieu foit beni de tout.

LA CAPITATION.

C'eſt-à-dire, entre la *Corde* & la *Chaîne*; car l'une des deux ne te peut manquer en récompenſe des grands ſervices que tu prétends m'avoir rendu, & dont tu aurois pû te diſpenſer. En voilà aſſez pour ce coup; penſe ſérieuſement à toi, & mets toi devant les yeux qu'il n'y a rien de ſtable en ce monde. Adieu, je m'en vais.

GRUET.

Ah, Madame, ne partez pas ſi-tôt, je vous en prie; je voudrois bien vous dire encore un mot, ſi cela ne vous incommode pas.

LA CAPITATION.

Quoi ! tu pâlis? Qu'as-tu pour changer de couleur en un inſtant?

GRUET.

Ah, Madame ! je n'en puis plus, le cœur me manque, mes forces m'abandonnent, un mot qu'un oiſeau de mauvais augure vient de me dire tout bas, me jette dans des convulſions épouventables. Ah ! je me meurs, un peu d'eau de la Reine de Hongrie pour me conforter l'eſtomac.

LA CAPITATION.

Dis-moi donc ce que c'eſt? tu me parois tout interdit.

GRUET.

On le feroit bien à moins, Madame. Le ſort ſe déclare contre moi; & ſi Dieu ou le diable n'y mettent la main, je ſuis perdu ſans reſſource. Eſt-il poſſible qu'on ait ſi peu de conſidération pour un honnête homme? & n'y a-t-il pas de la cruauté de m'épargner ſi peu pour quelques petites gentilleſſes? Il faut que je ſois né ſous une conſtellation bien fatale, pour me voir expoſé à partir de ce monde dans le tems que j'y penſois le moins.

LA CAPITATION.

Quoi ! ce malheureux oiseau ne t'a dit qu'un seul mot, & ce mot est capable de te faire perdre la tramontane tout-à-coup ? Il faut qu'il soit bien effrayant ce vilain mot. Dis - moi ce que c'est, ne me tiens pas plus long-temps en suspens.

GRUET.

C'en est fait de moi, Madame, je ne dois plus compter sur la vie. Les Médecins m'ont condamné à aller habiter le Royaume des taupes. Voilà vraiment une belle récompense pour les services que je vous ai rendus. Que sera-t'il de vous si la fantaisie vous prend de revenir en France pour la troisième fois ? Où trouverez-vous un Ordonnateur de votre Reception si zelé que votre serviteur *Gruet* ?

LA CAPITATION.

Mais si tu as rendu bon compte à mon égard, tu ne peus pas m'accuser d'être la cause de ta perte. Apparemment que ces *Commandemens*, ces *Saisies de meubles*, ces *Emprisonnemens* faits sans fracas, *avec cinq ou six gouttes d'encre* que tu as fait payer au centuple de ce que tu pouvois prendre légitimement, en les faisant avec raison, & que tu appelles *la Rocambole de ton Employ*, sont autant de témoins qui arment le Ciel & la Terre contre toi, & qui ont fait comprendre à tes Juges, que si tu avois le cœur plus dur que le marbre, tu n'avois pas la main moins bonne pour t'approprier le bien d'autrui. Ce sont indubitablement *ces petits tours d'esprit & de gentillesse*, qui ont apposé le sceau à ta réprobation, & qui ont fixé ta destinée, qui ne te promet pas une longue vie.

GRUET.

Franchement je vois bien du broüillamini dans mes affaires ; & à ne pas trahir la verité, je me trompe fort si je me tire de ce pas bragues nettes.

LA CAPITATION.

Tu disois tantôt que tu avois soin de mettre à couvert ceux qui tomboient sous ta coupe. Saint Paul n'a jamais menti, & tu sçais bien que ce grand Apôtre a dit, *per quæ quis pecca-verit, per hæc & punietur.* Tu as fait souffrir injustement tant d'innocens, il est bien juste que toi qui es redevable du sang de la veuve & de l'orphelin, souffres le dernier châtiment.

GRUET.

Je croyois n'aller que derriere comme mon bon ami le *Normand* ; mais un seul mot que l'homme que vous avez vû, & qui a disparu aussi-tôt, m'a fait concevoir qu'il faudra que je monte dedans, & que je prenne le chemin de l'autre monde à reculons.

LA CAPITATION.

Que dis-tu ? Tu ne songs donc plus à ton pé-lerinage de Provence que tu avois accepté com-me favorable ? Tu veus apparemment fausser compagnie à ton bon ami le *Normand ?*

GRUET.

Eh ! ouï, Madame, malgré moi ; car je comp-tois qu'on nous mettroit à côté l'un de l'autre, pour nous entretenir & nous consoler de nos malheurs : mais comme si le Diable se mêloit de mes affaires, on vient de m'avertir que mon voyage ne sera pas si long.

LA CAPITATION.

Et en quelle voiture feras-tu ce voyage ? Sera-ce en carosse ou en charette ?

GRUET.

Je crois que ce fera en caroffe ; mais comme un air trop étouffé pourroit alterer ma fanté, & que d'ailleurs je ferai conduit en triomphe au milieu des acclamations publiques, la Juftice ordonnera au Cocher d'en ôter l'Imperiale, pour aller au lieu : tous les Artifans de Paris, & fur tout les *Serruriers*, ne manqueront pas de fe rendre en foule pour publier mes hauts faits, & m'honorer d'un *Salve*.

LA CAPITATION.

Te voilà donc, mon pauvre ami, en proye à la féverité de la Chambre de Juftice, & fur le point de dire un éternel *Adieu* à tes *Donzelles*, à tes Charges, & à tes Maifons de Ville & de Campagne. Ce qui me confole, c'eft que tu me parois bien réfigné à la volonté du Seigneur ; ce que je n'attendois pas d'un fcélerat comme toi.

GRUET.

Eh ! Madame, que voudriez-vous que j'y fiffe ? Il faut bien, bon gré malgré que j'en aye, que je faffe de néceffité vertu. Car s'il plaifoit à mes Juges de me relâcher, & de me laiffer prendre mes anciens erremens, vous verriez comment je ferois acheter cher à mes Délateurs la charité qu'ils ont eû de me préconifer dans le monde.

LA CAPITATION.

Je n'en doute pas. Mais puifque la pierre en eft jettée, & que tu commences à graiffer tes bottes pour faire le voyage de *Greve*, je ne puis que te plaindre, fans pourtant me trop affliger de ta mort. *Adieu.*

GRUET.

Comment, Madame, vous m'abandonnez à ma trifte deftinée ? Du moins devriez-vous m'accompagner jufqu'au pié de l'échelle pour m'exhorter à bien mourir.

LA CAPITATION.

Je laiffe ce foin à un Docteur de Sorbonne, & me contenterai de dreffer ton Maufolée, & de faire ton Epitaphe. Mais à propos, avant que de nous féparer, dis-moi où eft-ce qu'on fera la Tranflation de tes Reliques.

GRUET.

Dans l'endroit deftiné pour les honnêtes gens comme moi. Sur un Promontoire à cinq cens pas de la Ville, entre le Faux-bourg S. Laurent & la Courtille, qu'on appelle *Montfauco*

LA CAPITATION.

Tu as raifon, jamais pofte ne te pouvoit mieux convenir ; & comme il faut que la proportion foit obfervée en toutes chofes, voici l'Ordonnance de ton Monument. Sur un Tombeau de la pierre la plus dure qui fe pourra trouver, pour marquer la dureté de ton cœur, s'éleveront quatre animaux d'une horrible figure, qui réprefenteront au naturel tes éminentes vertus. Le premier fera un Loup cruel & fanguinaire, qui d'une patte tiendra un cartouche, fur lequel on lira en groffes Lettres ces trois petits mots, SANGUINE POPULI NUTRIEBAR. *je me repaiffois du Sang du Peuple.* Le fecond fera un Lion, qui par fes griffes n'exprimera pas mal le noble talent que tu avois d'arracher tout ce que tu pouvois de ceux qui avoient le malheur de tomber fous ta coupe, & qui tenant un Regiftre fous fes ongles crochuës, rempli d'une partie de tes vols, de tes concuffions, de tes rapines, de tes extorfions, laiffera lire aux paffans ce motet : EX UNGUE LEONEM, *jugez par ce que vous voyez, de quoi j'étois capa-*

ble, ſi la Juſtce m'eût laiſſé faire. Le troiſiéme ſera un vilain corbeau, qui s'étant paré des plumes de pluſieurs autres animaux, ſe verra dépoüillé de tout ce brillant étalage pour repreſenter les Amandes & les reſtitutions auſquelles tu ſeras condamné, avec cette legende : MALE PARTA, MALE DILABUNTUR, *du Diable vient l'agneau, au Diable s'en retourne la peau.* Enfin le quatriéme ſera un gros dogue hargneux qui écartera des bonnes curées les pauvres tourne-broches qui vouloient en avoir quelque lipée, qui pour marquer que tu gobois toutes les bonnes pratiques du Châtelet au préjudice de tes Collegues, tiendra dans ſa gueule un Ecriteau conçû en ces termes : NON LICET VOBIS, SED MIHI, *tout ce qu'il y avoit de bon à frire étoit pour moi.* Au deſſus de la paix qui couvrira ta carcaſſe, paroîtra une pyramide au bout de laquelle on appercevra un *Juré* de la Compagnie des *Serruriers*, tenant à la main un drapeau ſur lequel le Syndic des Ecrivains aura écrit fort proprement l'Epitaphe que j'ai compoſé pour éterniſer ta memoire. La voici :

> *Paſſant qui que tu ſois, ne dis*
> *Ni* REQUIEM *ni* DE PROFUNDIS
> *Pour* GRUET *le fleau de la Ville,*
> *Tu pourrois en dire cent mille,*
> *Tout cela ſeroit inutile,*
> *Il n'iroit pas en Paradis.*

Au tour du Mauſolée ſeront toutes les Compagnies des Corps de Métiers vétuës de deüil plûtôt pour pleurer les maux que tu leur as faits, que pour aucun regret qu'elles aient de ta mort, & qui d'une voix lugubre chanteront tes loüanges, dont voici le prélude.

ARREST

DE LA CHAMBRE

DE JUSTICE,

Qui ordonne que dans huitaine on rappor-
tera au Greffe Criminel de ladite Cham-
bre les Quittances de Capitation signées
Gruet, dans lesquelles sera fait men-
tion de quadruple, moitié en sus, de
frais d'emprisonnement & d'autres frais.

Du 13. Juin 1716.

Extrait des Registres de la Chambre
de Justice.

VEû par la Chambre de Justice la Requeste presentée par le Procureur General du Roy, contenant que par la communication, tant des informations faites à sa Requeste contre le nommé Gruet Huissier au Chastelet, qui prend la qualité de Proposé à la Recette de la Capitation des Communautez des Arts & Mestiers de Paris au lieu des Jurez & Syndics, que des Pieces jointes aux dépositions, & des interrogatoires des accusez, il lui paroist une preuve très-marquée de concuſſions , malverſations , violences & pilleries publiques ſous pretexte de ladite Recette de Capitation , qui demande une inſtruction auſſi prompte que complette; Mais que comme par la quantité de témoins qu'il ſeroit neceſſaire d'entendre pour raſſembler d'autant plus les preuves par écrit, cette inſtruction en deviendroit d'une longueur infinie & éloigneroit un Jugement attendu du Peuple , il croit eſtre du bien du public & du devoir de ſa Charge de preſenter ſa Requeſte à la Chambre ; Pourquoy requeroit qu'il pluſt à ladite Chambre ordonner que dans huitaine à compter du jour de la publication de l'Arreſt qui interviendroit ſur ſes Concluſions , tous les Particulier deſdites Communautez des Arts & Meſtiers de cette Ville de Paris , qui ont des quittances de Capitation ſignées Gruet, ou de ſes prépoſez, dans leſquels ſera fait mention du quadruple, moitié en ſus de frais d'empriſonnement , de giſtes & geollages, ſeront tenus de les apporter au Greffe Criminel de ladite Chambre , dont leur ſera donné des reçûs par le Commis Greffier au depoſt , pour leſdites Quittances à luy communiquées eſtre pris telles autres Concluſions qu'il aviſeroit bon être , ladite Requeſte ſignée dudit Procureur General ; Oüy le Rapport de Mᵉ Antoine Nicolas Nicolay Conſeiller Commiſſaire , tout conſideré : LADITE CHAMBRE ordonne que dans huitaine à compter du jour de la publication qui ſera faite du preſent Arreſt , tous les particuliers deſdites Communautez des Arts & Meſtiers qui ont des Quittances ſignées dudit Gruet ou de ſes prépoſez , dans leſquelles ſera fait mention de quadruple, de moitié en ſus , de frais pour empriſonnement, de giſtes & geollages , ſeront tenus de

les apporter au Greffe Criminel de ladite Chambre, dont leur sera donné des reçûs par le Commis Greffier au dépost, pour lesdittes Quittances
communiquées au Procureur General du Roy
& vûës, estre ordonné ce qu'il appartiendra par
raison. FAIT en la Chambre le treize Juin mil
sept cens seize. Collationné. *Signé* AMYOT.
GRUET.
Ah, Madame! que viens-je d'entendre?
LA CAPITATION.
Ce que tout le monde souhaite. *Adieu* jusqu'à
la Vallée de Josaphat.

FIN,